ちいさな日本刺繡
花と植物

浅賀菜緒子

河出書房新社

日本刺繍は、絹地に釜糸と呼ばれる絹糸、金糸や銀糸を用います。

この絹の光沢と繊細さから生み出される美しさは格別。

糸目の向きや光のあたる方向、見る角度によって糸の色やつやが違って見えるのも、絹糸ならではです。

この絹糸によって優美さや絢爛さを纏った着物や帯、工芸品が

多くの職人たちの手によって生み出され、

そこには、さまざまな文様とともに、四季折々の花と植物の美しい姿があまた描かれてきました。

春の梅、桜、蒲公英　　夏の紫陽花、菖蒲、朝顔

秋の桔梗、萩、撫子　　冬の椿、菊、南天　など。

野山や道端に咲く草花や、観賞用として暮らしの中に取り入れられてきた花木、

縁起ものとして尊ばれてきた植物などが

日本刺繍の多くの伝統的な技法で多種多様な描かれ方をして、今に受け継がれています。

この本では、幾つかの代表的な技法のみでできるちいさな図案で紹介しています。

ひと針ひと針、ちいさな花と植物を刺し進めていく時間を、ゆっくりと楽しんでいただけたらと思います。

もくじ

梅	6	90	三ツ追イ十五枚笹	31	103	ドクダミ	52	118
細抱キ柏	7	90	桜	32	104	露草	54	118
椿	8	91	南天	34	104	菖蒲	55	119
勿忘草	9	91	宿木	35	105	陰組ミ合セ八重桔梗	56	119
野ばら	10	92	カーネーション	36	105	唐草	57	120
蒲公英	12	92	竜胆	37	106	流水紅葉	58	120
ミモザ	14	93	合歓の木	38	106	青紅葉	59	121
桔梗	15	93	睡蓮の葉	39	107	麻の葉	60	121
朝顔	16	94	撫子	42	113	薄	61	122
女郎花	18	96	釣鐘草	43	113	松	62	123
紫陽花	19	96	葵	44	114	松葉	63	124
オリーブ	22	99	白萩	45	114			
林檎	23	99	片喰	46	115			
桜桃	24	100	柊	47	115			
菫	25	101	金輪木瓜	48	116			
秋桜	26	102	ほおずき	49	116			
牡丹	28	102	羊歯	50	117			
チューリップ	30	103	麦	51	117			

巾着

小手鞠 20 97

がまぐち

星梅鉢 40 108

三ツ割リ梅 40 108

帯留め

笹 41 111

南天 41 111

饅頭菊 41 111

風呂敷

燕と柳 64 125

日本刺繍の基本

糸について 66

布について 67

用具について 68

日本刺繍をはじめる前に

① 木枠に布を張る 69

② 図案を写す 73

③ 糸を縒る 73

④ ぬいはじめの針どめ 75

⑤ ぬい終わりの針どめ 75

基本のぬい方

① ななめぬいきり 76

② ぬきぬいきり 77

③ 縦ぬいきり 78

④ 横ぬいきり 79

肉入れ 80

⑤ 引っ張りとじ 80

⑥ 割りぬい 81

⑦ 相良ぬい 82

⑧ さしぬい 83

⑨ まついぬい 84

⑩ 菅ぬい・とじ押さえ 85

⑪ 駒どり 86

わな付け 88

仕上げについて 88

梅
UME
Plum
>> P90

細抱キ柏
HOSODAKI-KASHIWA
Embracing oak leaves
>> P90

椿
TSUBAKI
Camellia
≫ P91

勿 忘 草
WASURENA-GUSA
Forget-Me-Not
≫ **P91**

野ばら
NOBARA
Wild rose
≫ P92

蒲公英
TANPOPO
Dandelion
>> P92

ミモザ
MIMOZA
Mimosa
≫ P93

桔梗
KIKYO
Bellflower
≫ P93

朝顔
ASAGAO
Morning glory
≫ P94-95

17

女郎花
OMINAESHI
Scabious Patrinia
≫ P96

紫陽花
AJISAI
Hydrangea
>> P96

巾着

小手鞠
KODEMARI
Reeves spirea
>> P97

オリーブ
ORIBU
Olive
>> P99

林檎
RINGO
Apple
>> P99

左はフランス刺繡、右は日本刺繡。
日本刺繡の図案を、フランス刺繡の糸と技法で刺してみました。
ぬいきりとサテンステッチ、まつぬいとアウトラインステッチ──
技法の呼び名こそ異なりますが、刺し方は大きく変わりません。

桜桃
OTO
Cherry
>> P100

菫
SUMIRE
Violet
≫ P101

秋桜
KOSUMOSU
Cosmos
≫ P102

牡 丹
BOTAN
Peony
≫ P102

チューリップ
CHURIPPU
Tulip
≫ P103

三ツ追イ十五枚笹
MITSUOI-JYUGOMAIZASA
Three head-to-tail fifteen bamboo leaves
>> P103

桜
SAKURA
Cherry blossom
>> P104

南天
NANTEN
Heavenly bamboo
≫ P104

宿木
YADORIGI

Mistletoe

>> P105

カーネーション
KANESHON
Carnation
>> **P105**

竜胆
RINDO
Gentian
≫ P106

合歓の木
NEMU-NO-KI

Persian silk tree

>> **P106**

睡蓮の葉
SUIREN-NO-HA
Water lily leaf
>> P107

がまぐち

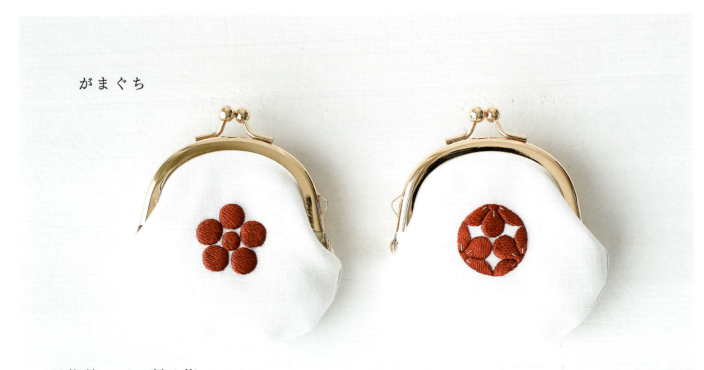

星梅鉢、三ツ割り梅
HOSHI-UMEBACHI, MITSUWARI-UME
Stars and umebachi-style plum blossom, Trisected plum blossoms
≫ P108

帯留め

笹、南天、饅頭菊
SASA, NANTEN, MANJUGIKU
Bamboo grass, Heavenly bamboo, French marigold
≫ P111

撫子
NADESHIKO
Fringed pink
≫ P113

釣鐘草
TSURIGANE-SO
Campanula
≫ **P113**

葵
AOI
Hollyhock
>> P114

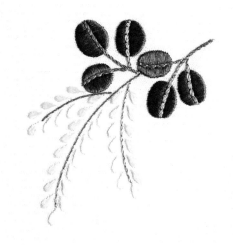

白萩
SHIRO-HAGI
White bush clover
>> P114

片喰
KATABAMI
Yellow Sorrel
>> **P115**

柊
HIIRAGI
Holly
≫ P115

金輪木瓜
KANAWA-MOKKO

Gold ring of mokko
>> P116

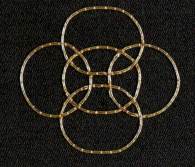

ほおずき
HOOZUKI
Ground cherry
≫ P116

羊歯
SHIDA
Fern
>> P117

麦
MUGI
Wheat
>> P117

ドクダミ
DOKUDAMI
Chameleon plant
≫ P118

53

露草
TSUYU-KUSA
Asiatic dayflower
≫ P118

菖蒲
SHOBU
Iris
≫ P119

陰組ミ合セ八重桔梗
KAGE-KUMIAWASE-YAEKIKYO
Shadowed double-petaled bellflower
>> P119

唐草
KARAKUSA
Arabesque
>> P120

流水紅葉
RYUSUIMOMIJI
Floating maple leaves
>> P120

青紅葉
AO-MOMIJI
Immature maple leaves
>> **P121**

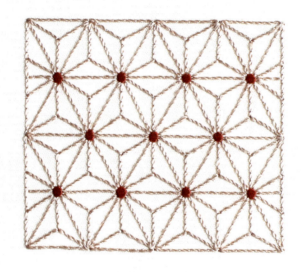

麻の葉
ASA-NO-HA
Pattern of hemp-leaf
>> P121

薄
SUSUKI
Eulalia
≫ P122

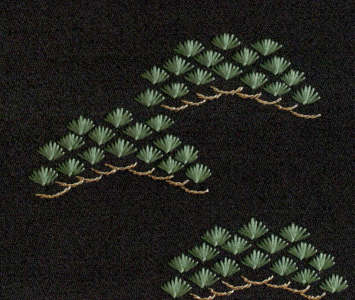

松
MATSU
Pine
\>\> P123

松葉
MATSUBA
Pine needle
≫ P124

風呂敷

燕と柳
TSUBAME TO YANAGI
Swallow & Willow
>> P125

日本刺繡の基本

糸について

a 釜糸

繰りがかかっていない状態の絹糸。「釜の中の繭から繰り取ったままの糸」という意味でこのように呼ばれます。細い糸を1菅と呼び、12菅で1本になっています。繰らずにこのまま使用したり（平糸）、2本、3本と合わせて繰りをかけて使用したりします。

b 金糸

掛数が大きいほど太くなります。1掛、2掛は針に通し、3掛以上は駒に巻いてから使用します。銀糸も同様です。

c ぞべ糸

細い絹糸で、生地の上に置いた金糸と銀糸を動かないように押さえるとき（菅ぬい、駒どり）に使います。

> ★ **フランス刺繡糸**
> 日本刺繡に使うのは a ～ c の糸ですが、綿の刺繡糸を使うと、絹糸とはまた違った風合いの作品に仕上がります。この本ではDMC25番刺繡糸を使用しました。

※糸の購入先についてはp128を参照してください

布について

a 絹地

絹糸を正絹（絹100%）の生地に刺繍するのが基本。呉服店などで購入できます。ほかの布でできないことはありませんが、絹の生地に絹糸で刺繍した仕上がりの美しさは格別です。この本では帯地を使用しています。

b 綿地

絹の生地以外では綿またはリネン生地も使えます。帯地にくらべると色のバリエーションが広がります。やや親しみやすい印象の仕上がりになるので、図案との相性なども検討するとよいでしょう。

「綿生地＋フランス刺繍糸」の組み合わせ以外は、洗濯はひかえましょう。

用具について

a 刺繡台
木枠に布を糸で張って固定して使います。本来は日本刺繡専用の大きな刺繡台を馬とよばれる脚にのせて刺繡しますが、本書ではちいさな刺繡用に画材の木枠を使っています（右ページ参照）。

b 日本刺繡針
太さが10種類以上ありますが、この本ではこの3種類を使用しています。「天細」は釜糸を縒らない状態で1本使うとき（平糸）や金糸・銀糸の1掛を使うときに。「間中」は2本、3本を縒って使うときや金糸・銀糸の縒り糸を使うときに。「大太」は4本合のときに。

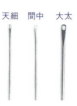

天細　間中　大太

c てこ針
平糸でぬうときに、よじれを直しながらしごき、つやを出します。また、木枠に布を張るときにも使用。

d 糸切りばさみ
先のよく切れる、にぎりばさみがおすすめです。

e チョークペーパー
図案を布に写す際に使用します。

f トレーシングペーパー
図案を本から書き写す際に使用します。

g セロファン
布に図案を写す際、セロファンを重ねてトレーシングペーパーを保護します。

h シャープペンまたは鉛筆
図案をトレーシングペーパーに書き写す際に使用します。

i 鉄筆
布に図案を写す際、セロファンの上から鉄筆でなぞります。**e ～ i** は図案を布に写すために使用します（p73参照）。

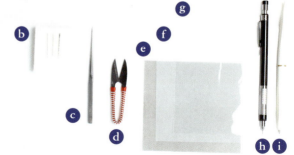

68

日本刺繡をはじめる前に

① 木枠に布を張る

a 木枠
本来は着物地や帯地が張れるサイズの大きな刺繡台を使いますが、ちいさな刺繡図案を紹介する本書では、キャンバス木枠（F4号：横33.3cm×縦24.2cm）を利用。画材店などで購入ができます。

b 絹地
絹糸で織られた和布。ここでは、帯地（横26cm×縦18cm）を使用。呉服店などで購入ができます。

c 画びょう
布を木枠に固定して、布を張るたこ糸をかけるために使う。

d たこ糸
布を張る際に使用。

e フランス刺繡針
たこ糸を布に通す際に使用。25番刺繡糸6本どりが通る太さを用意。

f てこ針
平糸のよじれを整えたり毎回ぬうごとにしごいて艶を出したり、糸止めする部分のぬい糸をかき分けたりするときに使う道具。

1 布の上端と左端を、裏に約1cm折る。左上の角を木枠に画びょうで留め、布を右にやや引っ張りながら右端まで順に留める。

2 布の下端を約1cm折る。左脇を下にやや引っ張りながら、木枠に画びょうで左下の角まで留める。

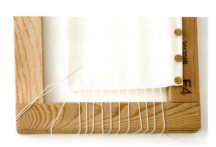

3 上端と左端を画びょうで留めたところ。

4 たこ糸をフランス刺繡針に通し、木枠は右辺を手前に向けて置く。布の右端の裏から針を出して糸を木枠に渡し、左横に裏から針を出す。このとき、たこ糸は切らずに使用する。

5 たこ糸は布の左端まで少しずつたぐりながら木枠に渡していき、最後は糸端を20cmほど残して切る。

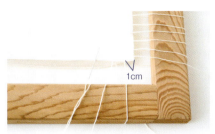

6 新しいたこ糸を用意して、木枠は下辺を手前に向けて置く。4〜5と同様に、下辺も右端から左端へとたこ糸を渡していき、糸端を20cmほど残して切る。

7 たこ糸のぬいはじめの糸端を、てこ針ですくって結ぶ。まず、たこ糸2本の下に右から針を入れて糸端をすくう。

8 すくった糸を右へ抜いて、手前に引く。

9 もう一度たこ糸2本の下にてこ針を入れ、糸端側の糸をすくってできた輪に、糸端を片結びするように入れたら引き締める。

10 右端からたこ糸をてこ針にかけて1本ずつ手前に引き、布の張りを強める。左端まで張ったら、糸端は残しておく。

完成 縦横各3回ほど糸をくって布を張り、最後に糸端を結ぶ。

② 図案を写す

1 実物大図案を、トレーシングペーパーに鉛筆で写す。

2 木枠に張った布の下に、木枠の厚み分の箱や本などを置く。布の上にチョークペーパー、1のトレーシングペーパー、セロファンの順に重ねる。

3 図案線を鉄筆でなぞる。トレーシングペーパーがずれないように、マスキングテープで留めるとよい。

③ 糸を縒る

縒った糸
（2本合）

縒らない糸
（1本平糸）

日本刺繍では糸を縒ってから使うことも多く、1本だけで縒る場合や、2本、3本など複数本を合わせて縒る場合もあります。表現したい事柄や図案によって縒るか縒らないかや、何本合で縒るかなどを決めます。はじめての方は、まずは掲載の図案の指定にしたがってみましょう。

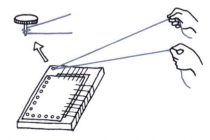

1 木枠に画びょうを刺し、画びょうに釜糸をかけて左右ともに口元までの長さをとる。

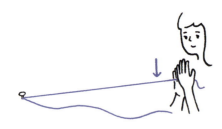 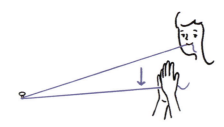 

2 一方の糸を両手ではさみ、上から下へと右の手をすり下ろし、縒りをかける（下縒り）。

3 縒った糸が戻らないように口にくわえ、同様にしてもう一方も縒りをかける（下縒り）。

4 2本を一緒に手ではさみ、下から上へと右手をすり上げて、縒りをかける（上縒り）。

平糸→図案では**1本平糸**と表記
2本合→図案では**2本1本縒り糸**と表記
3本合→図案では**3本1本縒り糸**と表記
4本合→図案では**4本1本縒り糸**と表記

5 両端の縒りが不揃いな部分をカットして使う。

完成　3本合にする場合は、平糸1本を半分に割り、1.5本ずつ縒る。図案の指定にあわせて糸を準備する。

④ ぬいはじめの針どめ

1 布の裏から図案線の内側に針を出し、点のように小さく刺す。

2 小さな針目で計3針ぬう。"針どめ"をしたら、図案をぬいはじめる。

線の図案の場合は、線上に小さな針目で3針ぬう。

⑤ ぬい終わりの針どめ

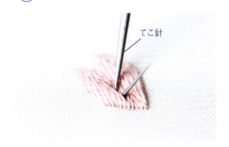

1 ぬった糸をてこ針でよけて、布の裏から針を出す。

2 ぬいはじめと同様に、小さな針目で3針ぬう。

3 糸端は布の表に出して根もとで切り、よけた糸をてこ針で整える。

基本のぬい方

① ななめぬいきり

"ぬいきり" はフランス刺繍のサテンステッチと同じ要領で、面を埋める技法。
この "ななめぬいきり" は、図案に対して斜めにぬう。

1 図案線の内側に針どめをして、図案右側の中央から針を出す。

2 図案の斜め左下に針を入れ、糸を斜めに渡して1針目となる。

3 図案の上半分をぬう。針を1の真上に出し、1針目と平行に左下へ糸を渡す。これをくり返し、上に向かって図案を埋める。

4 上半分をぬったところ。

5 図案の下半分も、右上から左下へ平行に糸を渡しながら図案を埋める。

完成 ぬい終わりは針どめをする。

② ぬきぬいきり　　図案の向きに関わらず、布目の緯糸＝ぬきに沿って平行にぬい、面を埋める技法。

1 図案線の内側に針どめをして、図案左下の緯糸上に針を出す。

2 ぬきをたどりながら図案右側に針を入れ、ぬきと平行に糸を渡して1針目となる。

3 針を1の真上の緯糸上に出す。

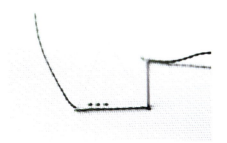

4 ぬきをたどりながら図案右側に針を入れる。

5 1針目と平行に糸を渡して2針目となる。3〜4をくり返し、糸を平行に渡しながら図案を埋める。

完成　ぬい終わりは針どめをする。

③ 縦ぬいきり　　図案に対して縦にぬい、面を埋めていく。

1　図案線の内側に針どめをして、図案上側の中央から針を出す。

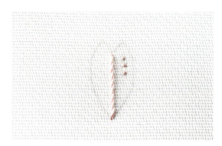

2　針を図案に対して垂直に下ろして入れ、糸を縦に渡して1針目となる。

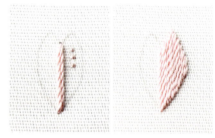

3　図案の右半分をぬう。針を1のすぐ右側に出し、1針目と平行に下へ糸を渡す。これをくり返し、外側に向かって図案を埋める。

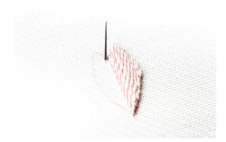

4　図案の左半分をぬう。針を1のすぐ左側に出す。

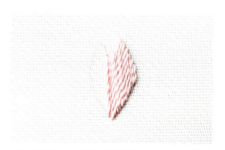

5　左半分も、1針目と平行に糸を渡しながら図案を埋める。

完成　ぬい終わりは針どめをする。

④ 横ぬいきり　　図案に対して横にぬい、面を埋めていく。

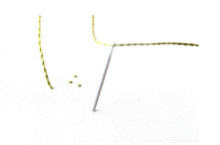

1　図案線の内側に針どめをする。図案左側の中央から針を出して右側に針を入れ、横方向に糸を渡して1針目となる。

2　図案の上半分をぬう。針を1の糸の真上に出す。

3　1針目と平行に糸を渡して2針目となる。

4　2〜3をくり返し、上に向かって図案を埋める。

5　図案の下半分をぬう。1針目と平行に糸を渡しながら図案を埋める。

完成　ぬい終わりは針どめをする。

肉入れ

ぬいきりに、ふっくらと立体感を出したいときに使う技法。芯となる糸を図案の内側に粗く渡し、上にぬいきりをする。フランス刺繍の芯入りサテンステッチと同じ要領。

1 図案の内側に針どめをして、表面とぬう方向を変えて糸を渡す。糸はぬいきりをして隠れるので、密にぬわなくてもよい。

2 1の上に重ねて、図案の中央から上下半分ずつぬいきりをする。

完成 ぬい終わりは針どめをする。

⑤ 引っ張りとじ

図案線上に渡した糸を、別の糸で等間隔にとめる技法。とめる間隔は3mmほど。
金糸、銀糸はぞべ糸、平糸は3菅でとじ押さえる。フランス刺繍のコーチングステッチと同じ要領。

1 図案線上に針どめをする。図案の端から針を出し、端に針を入れて糸を渡す。

2 別糸（ここでは平糸3菅）を1の糸をよけて図案線上に針どめをする。1のぬいはじめから間隔をあけて渡し糸のきわに針を出し、すぐ下の渡し糸のきわに針を入れて渡し糸をとめる。

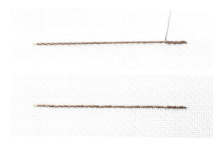
3 図案の端まで、渡し糸を等間隔にとめる。ぬい終わりは渡し糸をよけて、図案線上に針どめをする。

⑥ 割りぬい

図案の中央から左右に分けて半分ずつ、葉脈のように左右を向かい合わせにぬいきりをする技法。フランス刺繡のサテンステッチと同じ要領。

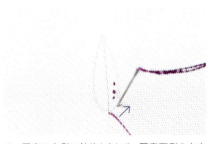

1 図案の内側に針どめをして、図案下側の中央に針を出す。右側の図案線に沿って針を入れ、斜めに糸を渡して1針目となる。右半分は、内側から外側に向かって糸を渡す。

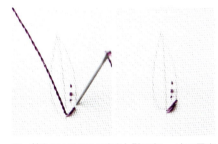

2 針をぬいはじめのすぐ上側に出し、右の図案線に合わせて斜めに糸を渡す。

3 上部で糸がまっすぐになるように、徐々に針足を倒しながら図案を埋める。

4 左半分も同じ要領で、ただし糸は外側から内側に渡し、中央は右と同じ針穴に刺す。

5 下部で糸が斜めになるように、徐々に針足を倒しながら図案を埋める。

完成 ぬい終わりは針どめをする。

⑦ 相良ぬい　　小さな結び目を作るぬい方。フランス刺繍のフレンチノットステッチの要領で、糸は逆方向に巻く。

1　糸端を玉結びして、図案上に針を出す。

2　糸で輪を作り、輪に向こう側から針を入れる。

3　針を1のきわに入れる。

4　輪の大きさやふくらみを指先で整えながら、徐々に糸を引いていく。

完成　糸を最後まで引いて、結び目を軽く締める。ぬい終わりは、周りにぬったモチーフの隠れるところに針どめをする。

⑧ さしぬい

針足に長短をつけながら前段に糸を重ねてぬい、面を埋める技法。
フランス刺繍のロング&ショートステッチの要領。

1 図案の内側に針どめをする。図案中央の線上から針を出し、中心に向かって長めに糸を渡して1針目となる。

2 1で出した針穴のすぐ隣に針を出し、1針目と平行に短く糸を渡す。

3 針足に長短を交互につけながらぬい、図案を半分ずつ埋める。この図案のように左側がふくらみ、右側が細い場合は左側をやや放射状にぬっていく。

4 2段目は1段目に重なる中央から針を出す。針の出し入れの位置をずらしながら針足に長短を交互につけてぬい、図案を半分ずつ埋める。

5 3段目も同様に、2段目に重ねながら図案を埋める。

完成 ぬい終わりは針どめをする。

⑨ まついぬい

線の表現に使うぬい方で、糸を並べる本数によって太さをアレンジできる。
フランス刺繡のアウトラインステッチの要領。

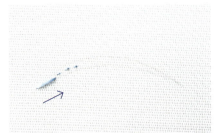

1 図案の線上、または内側に針どめをする。図案の左端に針を出し、右に糸を渡して1針目となる。

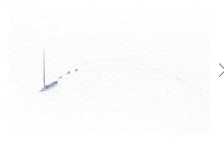

2 1針目の約半分の長さまで戻って針を出し、図案の右に糸を渡して1針ぬう。

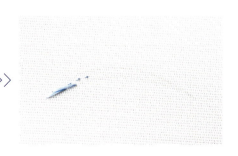

》

3 2と同様に、1針ごとに針足が半針分並ぶようにずらしながらぬい進める。

》

完成　ぬい終わりは針どめをする。

⑩ 菅ぬい・とじ押さえ

引っ張りとじと同じ要領で、布目の緯糸（よこ）＝ぬきに平行に渡した糸を
同じ色の糸3菅で等間隔にとめる技法。紗をかけた印象や、透け感を出したいときに使う。

1 図案の内側に針どめをして、図案の端に針を出す。

2 ぬきと平行に、逆の端へ糸を渡す。

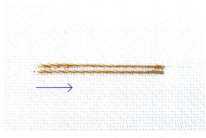

3 2の位置からぬきを1本とばして針を出し、2の渡し糸と平行に端へ糸を渡す。

4 3と同様に、ぬきを1本とばして平行に糸を渡す。別糸を3菅にして2の糸をよけて図案線上に針どめし、2の渡し糸を端から数mm間隔で止めていく。

5 続けて、2本目の渡し糸も別糸でとめる。とめる位置は、4のとめ位置とずらす。

完成 3本目も同様にとめて、ぬい終わりは渡し糸の真下の見えない位置で針どめをする。

⑪ 駒どり

3掛以上の金糸、銀糸を駒に巻き、2本を引き揃えて図案線上に渡しながらぞべ糸でとめる。ぬい方は、引っ張りとじと同じ要領。

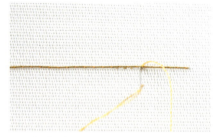

1 ぞべ糸を図案線上に針どめする。針を出し、金糸1本を図案線に沿わせておく。

2 ぞべ糸で金糸を押さえる。

3 2で押さえた位置に針を出し、金糸をもう1本引き揃えて、ぞべ糸でとめる。

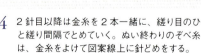

4 2針目以降は金糸を2本一緒に、縫い目のひと縫り間隔でとめていく。ぬい終わりのぞべ糸は、金糸をよけて図案線上に針どめをする。

5 金糸の糸端は、布の下に引き込む（＝引き込み針をする）ため、引き込む用の糸を作る。縒り糸に使う太針に糸を通して2本1本の縒り糸を縒る。

糸端を針穴に通して輪にする。

6 金糸を引き込みたい位置に針を入れる。

7 5の輪に金糸を1本通す。

8 金糸を、輪とともに下に引き込む。

完成 もう1本の金糸、ぬい終わりの金糸も同様に始末する。

わな付け　1掛金糸、1掛銀糸を使用する際の糸の通し方。
針の根本に輪の結びができ、糸2本の状態で刺繍していきます。

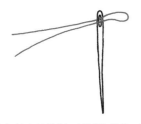

1　金糸（または銀糸）を半分に折り、輪の部分を針穴に通す。

2　通した輪の中に針をくぐらせる。

3　針の根本に輪の結びができる。

仕上げについて

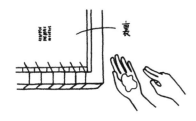

1　刺繍が完成したら木枠ごと裏に返し、余分な糸を切る。やまとのりを手のひらにのばし、指で裏に渡った刺繍の上に薄くつける。

2　水で濡らした布巾を高温のアイロンの上にのせ、蒸気をたたせる。刺繍の裏側からその蒸気をあて、刺繍面から湯気があがるまで続ける。

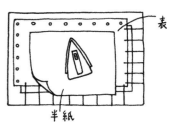

3　半紙をのせ、全体に軽くすべらせるような感じで「絹」用の温度にしたアイロン（ドライ）を表と裏にあてる。自然乾燥させた後、木枠から生地をはずす。

図案と小物の作り方

○糸は糸幸の日本刺繍釜糸を使用しています。
　購入先については p128 を参照してください。
　＊一部 DMC25 番刺繍糸を使用

○材料表記は各作品1点分です。

○刺繍図案の記載事項は「ぬい方／糸の本数と形状／色名（色番号）」となっています。
　平糸と記載のある場合、縒らずにそのまま使用してください。
　色名は本書内の便宜上つけたものです。糸をお求めの際は色番号をご確認ください。

○基本の道具、材料、ぬい方などについて、p66 〜 88 に目を通してからはじめましょう。

○針は生地の下では左手で、生地の上では右手で持ち、両手で刺繍します。

P6 梅

冬を耐え忍び、まだ寒さの残る季節に香り高く咲き始めることから忍耐力の象徴として、古くから愛されています。縁起のよい紅白で。

□布　　帯地（白）
□糸　　釜糸：赤（15）、薄卵色（91）
　　　　1掛金糸

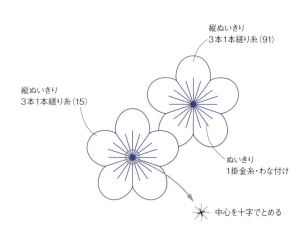

縦ぬいきり
3本1本縒り糸（91）

縦ぬいきり
3本1本縒り糸（15）

ぬいきり
1掛金糸・わな付け

中心を十字でとめる

※ぬいきりは、図案線の端から端までを1本線でぬいきり、
　中心を小さな十字でとめ集合させる。

P7 細抱キ柏

柏の葉は新しい葉が出るまで古い葉が枝についたままであることから縁起のよい木とされ、家紋にもよく使われます。

□布　　帯地（白）
□糸　　釜糸：濃緑（139）、老竹色（384）

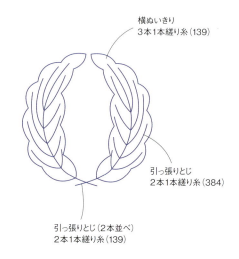

横ぬいきり
3本1本縒り糸（139）

引っ張りとじ
2本1本縒り糸（384）

引っ張りとじ（2本並べ）
2本1本縒り糸（139）

P8 椿

古くから神が宿る木＝霊木として魔除けの力があるとされてきました。
樹齢800年ともいわれ、不老長寿を意味する縁起のよい植物です。

□布　　帯地（白）
□糸　　釜糸：赤（15）、薄卵色（91）

P9 勿忘草

淡い色合いと小さな花が可憐な印象を与える勿忘草は
「真実の愛」が花言葉の、幸せの象徴とされるモチーフです。

□布　　帯地（白）
□糸　　釜糸：水色（172）、月白（181）、淡黄（82）

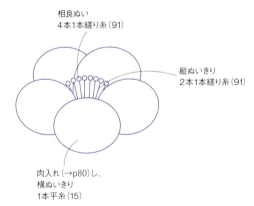

相良ぬい
4本1本縒り糸（91）

縦ぬいきり
2本1本縒り糸（91）

肉入れ（→p80）し、
横ぬいきり
1本平糸（15）

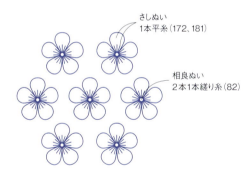

さしぬい
1本平糸（172、181）

相良ぬい
2本1本縒り糸（82）

91

P10 野ばら

花びらが5枚の小ぶりな花を咲かせる野ばら。素朴で可憐な姿ながら、
河原や野山に自生するたくましさもまた魅力です。

□布　　帯地（白）
□糸　　釜糸：赤（15）、生成り（71）、辛子色（98）、
　　　　濃緑（139）、薄緑（138）

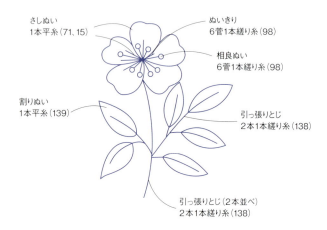

さしぬい
1本平糸(71、15)

ぬいきり
6菅1本縒り糸(98)

相良ぬい
6菅1本縒り糸(98)

割りぬい
1本平糸(139)

引っ張りとじ
2本1本縒り糸(138)

引っ張りとじ(2本並べ)
2本1本縒り糸(138)

P12 蒲公英

身近に親しまれてきた野の花。
春になると、道端に咲く黄色の花が目を引きます。

□布　　帯地（白）
□糸　　釜糸：黄金色（84）、亜麻色（86）、薄緑（138）

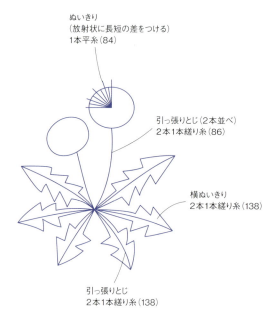

ぬいきり
(放射状に長短の差をつける)
1本平糸(84)

引っ張りとじ(2本並べ)
2本1本縒り糸(86)

横ぬいきり
2本1本縒り糸(138)

引っ張りとじ
2本1本縒り糸(138)

P14 ミモザ

小さなぽんぽんとした黄色い花が風に揺れる姿が印象的。
春の訪れを告げる花として、甘く優しい香りとともに咲きます。

□布　　帯地（白）
□糸　　釜糸：薄黄土色（83）、黄金色（84）、笹色（385）

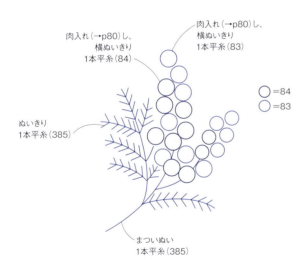

P15 桔梗

青みがかった紫色が美しい秋の七草のひとつ。
五角形の星の形が美しく、家紋にもよく用いられてきました。

□布　　帯地（白）
□糸　　釜糸：紺青色（179）、白鼠色（182）、笹色（385）

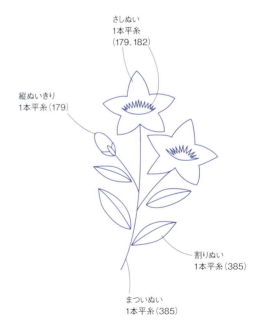

P16 朝顔

奈良時代に、薬として中国から日本に入ってきた朝顔、
当時は青い花がほとんどだったそう。
江戸時代に観賞用の植物として人気となり、
さまざまな色や形のものが生まれたとされています。

□布　帯地（白）
□糸　釜糸：紺青色（179）、月白（181）、笹色（385）

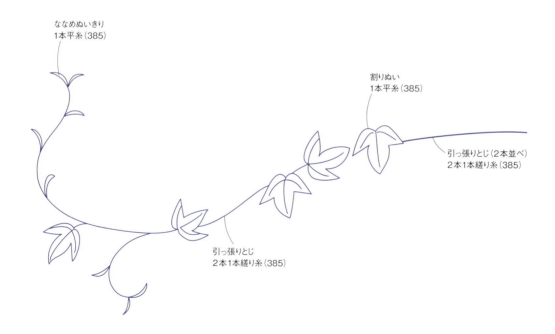

ななめぬいきり
1本平糸（385）

割りぬい
1本平糸（385）

引っ張りとじ（2本並べ）
2本1本縒り糸（385）

引っ張りとじ
2本1本縒り糸（385）

94

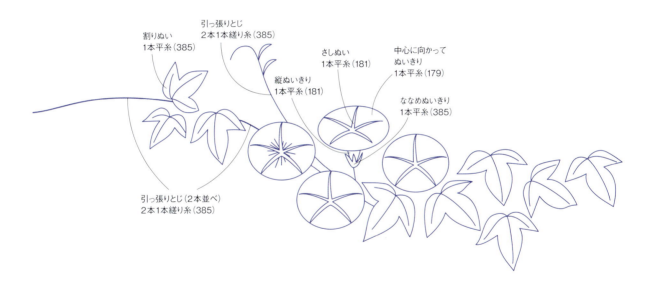

P18 女郎花

華奢で細長くのびた茎に、小さな花をたくさん咲かせる姿が美しく古くには和歌によく詠まれました。秋の七草のひとつ。

□布　　帯地（白）
□糸　　釜糸：山吹色（85）、海松色（114）

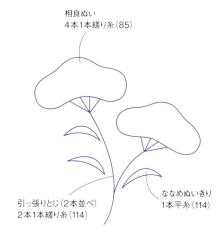

P19 紫陽花

色の変化が楽しく、さまざまな表情を見せてくれる植物。光の加減や糸の向きによって輝き方が変わる絹糸で刺すのにぴったりな植物です。

□布　　帯地（白）
□糸　　釜糸：瑠璃紺（174）、水色（172）、織部色（155）、花萌葱（154）

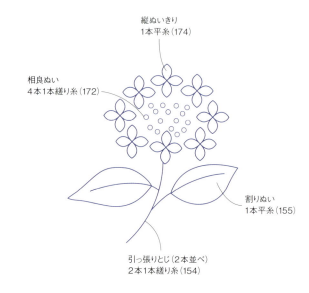

P20 小手鞠

小さな手鞠のような丸い花の姿が可愛いらしく、
また、その花の重みで枝垂れる姿はとても美しく趣があります。

□糸　　釜糸：白（319）、花萌葱（154）、茶（224）

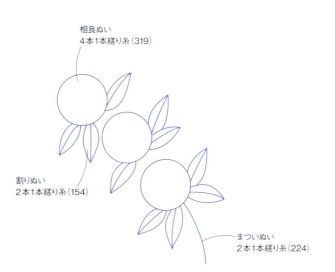

97

巾着の作り方

【材料】size：約 13 × 15.5cm
布（綿／青）……15 × 37cm
ひも……50cm × 2本

1
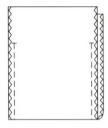
両脇の縫い代にロックミシンまたはジグザグミシンをかける。中表にして両脇をあき止まりから底まで縫う。

2
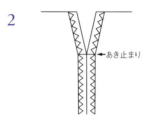
縫い代を割る。

3
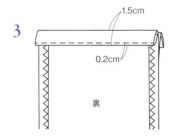
口を1.5cm幅で裏側に三つ折りにし、三つ折り下から0.2cmのところを縫う。

4
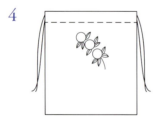
表に返し、ひもを通して結ぶ。

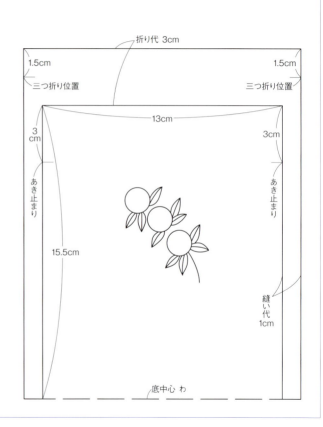

P22 オリーブ

一年中緑の葉が茂る常緑樹で生命力があり、縁起のよい果樹。
平和や家庭円満のシンボルとされています。

□布　　帯地（白）
□糸　　釜糸：鉄紺色（194）、深草色（298）

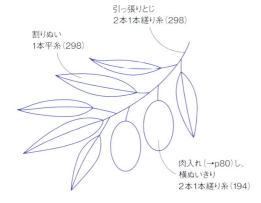

割りぬい
1本平糸（298）

引っ張りとじ
2本1本縒り糸（298）

肉入れ（→p80）し、
横ぬいきり
2本1本縒り糸（194）

P23 林檎

日本には明治時代になってから入ってきた果実。
つややかな果実を、平糸のさしぬいで表現しました。

□布　　帯地（白）
□糸　　釜糸：赤（15）、茶（224）

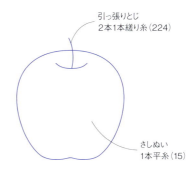

引っ張りとじ
2本1本縒り糸（224）

さしぬい
1本平糸（15）

99

P24 桜桃

桜桃の果実さくらんぼの赤くてつややかな様は、まるで宝石のよう。
その美しくも可愛らしい姿を、絹糸とフランス刺繍糸でそれぞれ刺しました。

□布　　帯地（白）
□糸　　DMC25番刺繍糸:赤紅（347）、笹色（936）、くるみ色（3862）

□布　　帯地（白）
□糸　　釜糸:赤紅（275）、笹色（385）、くるみ色（223）

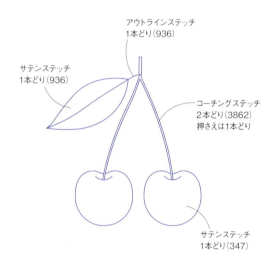
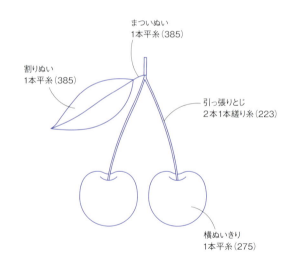

P25 菫

らっぱのような形が印象的な春の野の花。
可憐に佇む姿とは対照的に、生命力豊かな花でもあります。

□布　帯地（白）
□糸　DMC25番刺繡糸：菫色（327）、白菫色（3743）、
　　　深緑（895）、老竹色（3053）

□布　帯地（白）
□糸　釜糸：菫色（340）、白菫色（336）、
　　　深緑（140）、老竹色（384）

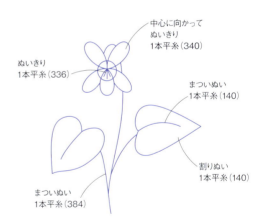

P26 秋桜

和名はあきざくら。淡いピンク色が秋に咲く桜のようであることから、その名がつけられました。

□ 布　　帯地（白）
□ 糸　　釜糸：秋桜色（217）、長春色（258）、辛子色（98）、老竹色（384）

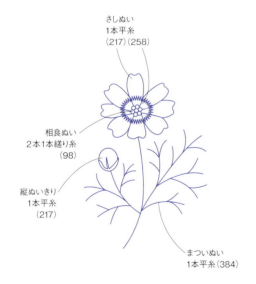

P28 牡丹

百花の王と呼ばれ、幸福や富貴の花とされています。
「丹」は不老不死の薬を意味することから、長寿の象徴とも。

□ 布　　帯地（白）
□ 糸　　釜糸：桜色（261）、赤紅（275）、深草色（298）、苔色（299）

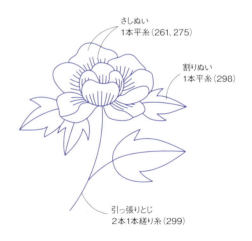

P30 チューリップ

春の花壇の代表ともいえるチューリップ二輪、
丸く配して、家紋のようにしてみました。

□布　帯地（白）
□糸　釜糸：薄桜色（267）、花萌葱（154）

P31 三ツ追イ十五枚笹

天に向かって真っすぐのびる様子や古くから神事に使われる
神聖なものということから、笹は家紋にもよく用いられました。

□布　帯地（白）
□糸　釜糸：笹色（385）

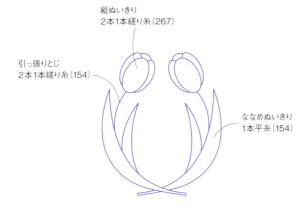

縦ぬいきり
2本1本縒り糸（267）

引っ張りとじ
2本1本縒り糸（154）

ななめぬいきり
1本平糸（154）

割りぬい
1本平糸（385）

103

P32 桜

春を代表する花。花ひとつ、花びらだけなど
さまざまな表現がありますが、ここでは枝付きの桜を刺繍しました。

□布　帯地（こげ茶）
□糸　釜糸：桜色（261）、こげ茶（390）、くるみ色（223）
　　　1掛金糸

P34 南天

「難を転じて福となす」に通ずることから、
縁起のよい木として親しまれ、お正月の飾りにも用いられています。

□布　帯地（白）
□糸　釜糸：赤色（15）、茶（224）

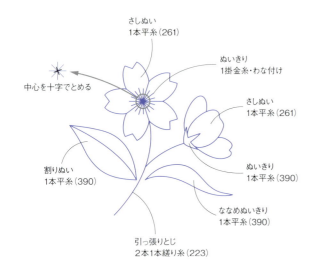

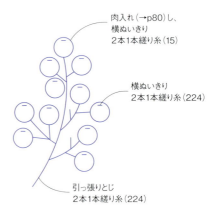

※花芯のぬいきりは、図案線の端から端までを1本線でぬいきり、
　中心を小さな十字でとめ集合させる。

P35 宿木

冬枯れした木々の上に宿り、寒い冬の中でも緑の葉を保つことから、
特別な生命力をもつ縁起のよい植物とされています。

□布　帯地（白）
□糸　釜糸：笹色（385）、卯の花色（226）

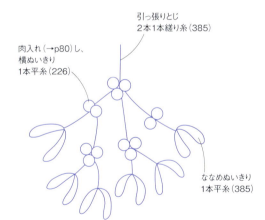

P36 カーネーション

ひらひらとしたフリルのような花びらが可愛いカーネーション。
その花びらの重なりとグラデーションを2色の糸のさしぬいで表現。

□布　帯地（白）
□糸　釜糸：赤（15）、生成り（71）、笹色（385）

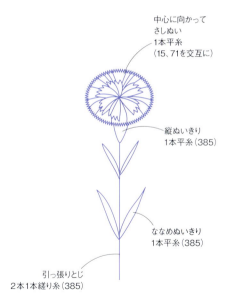

105

P37 竜胆

青みがかった紫色があざやかな秋の花。
筒状の花がしっかりと上を向いて咲いているのが美しい。

□布　　帯地（白）
□糸　　釜糸：花色（190）、白（319）、緑（135）、木枯茶（400）

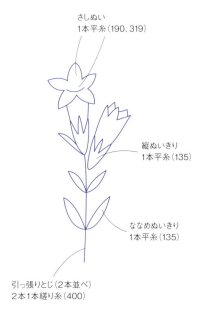

さしぬい
1本平糸（190、319）

縦ぬいきり
1本平糸（135）

ななめぬいきり
1本平糸（135）

引っ張りとじ（2本並べ）
2本1本縒り糸（400）

P38 合歓の木

夕方になり辺りが暗くなると葉をとじ、眠りにつくように見えることから
この名前がつきました。幻想的で繊細な花が特徴的です。

□布　　帯地（白）
□糸　　釜糸：長春色（258）、白（319）、老緑（120）、黄浅緑（117）

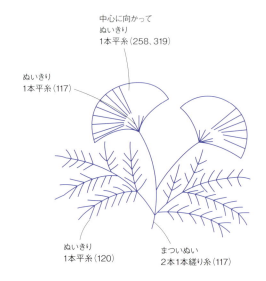

中心に向かって
ぬいきり
1本平糸（258、319）

ぬいきり
1本平糸（117）

ぬいきり
1本平糸（120）

まついぬい
2本1本縒り糸（117）

 睡蓮の葉

ピンクの花も美しい睡蓮ですが、
水面に浮く葉もまた趣があります。

□布　帯地（白）
□糸　釜糸：緑（135）、草色（137）

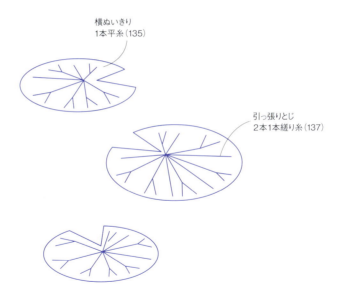

P40 星梅鉢

梅の花は文様化され、家紋によく用いられてきました。
5枚の花びらを同じ大きさの丸で表現しています。

□糸　　釜糸：赤紅（275）

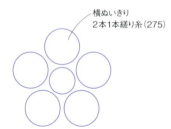

横ぬいきり
2本1本縒り糸（275）

P40 三ツ割リ梅

丸の中に三つの梅が配されている家紋です。
星梅鉢で小さな丸で表現された花芯、ここでは金糸で繊細に。

□糸　　釜糸：赤紅（275）
　　　　1掛金糸

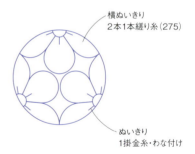

横ぬいきり
2本1本縒り糸（275）

ぬいきり
1掛金糸・わな付け

がまぐちの型紙

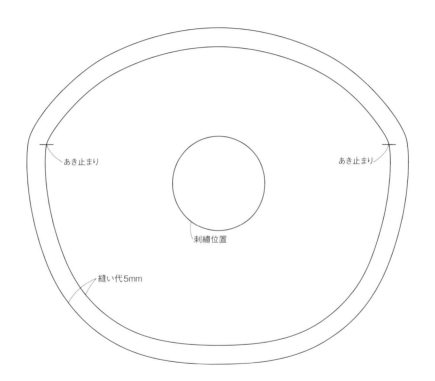

がまぐちの作り方

【材料】1点分／size: 約 9.5 × 8cm
表布（リネン／白）……25 × 15cm
接着芯……25 × 15cm
裏布（綿／白）……25 × 15cm
がまぐち口金……1個（約7cm幅）
紙ひも……約18cm
手芸用接着剤

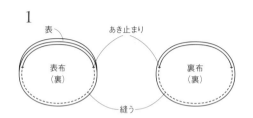

1. 接着芯を貼った布に刺繍をし、型紙（p109）を参照して裁断する。表布、裏布それぞれを中表に合わせ、あき止まりまで縫う。

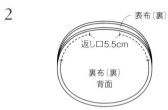

2. 表布と裏布を中表に合わせ、口部分を縫う。背面（刺繍のない側）の口は返し口を残す。

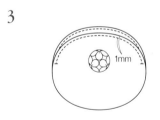

3. 返し口から表に返し、口の端から1mmのところにステッチをかける。

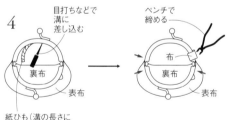

4. 口金の溝にヘラなどで接着剤を塗り、中心を合わせて本体の口を差し込む。目打ちなどで紙ひもを口金の内側と裏布の間に入れ、口金の端4箇所をペンチで締める。

P41 笹

真っすぐにのびる姿が、
天の神様やご先祖様に願いを届けてくれる
神聖なものとして考えられました。

□布　　帯地（黒）
□糸　　釜糸：薄緑（138）、裏葉柳（136）

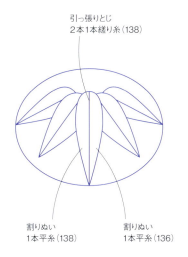

引っ張りとじ
2本1本縒り糸（138）

割りぬい
1本平糸（138）

割りぬい
1本平糸（136）

P41 南天

縁起ものの南天、赤い実も可愛らしいですが
白南天も緑の葉とのコントラストが
美しい植物です。

□布　　帯地（黒）
□糸　　釜糸：白（319）、卯の花色（226）、
　　　　白花色（236）、薄萌黄（108）、
　　　　松葉色（110）、黄浅緑（117）

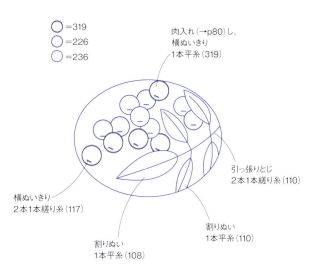

○＝319
○＝226
○＝236

肉入れ（→p80）し、
横ぬいきり
1本平糸（319）

引っ張りとじ
2本1本縒り糸（110）

横ぬいきり
2本1本縒り糸（117）

割りぬい
1本平糸（108）

割りぬい
1本平糸（110）

P41 饅頭菊

菊は邪気を払うとされ、
不老長寿を象徴する花。
饅頭のような丸い形で、万寿菊とも。

□布　　帯地（黒）
□糸　　釜糸：鬱金色（350）、白（319）

相良ぬい
2本1本縒り糸（319）

ななめぬいきり
1本平糸（350）

111

帯留めの作り方

【材料】1点分／size: 約4×3cm
表布（正絹）……10×10cm
ネル生地……5×5cm
帯留め金具……楕円形1個（幅4cm）
手芸用接着剤

1

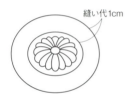

表布に刺繍をし、刺繍から1cmの縫い代をつけて切る。

2

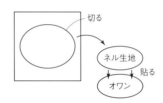

帯留め金具のオワンの寸法に合わせてネル生地を切り、オワン上側に接着する。

3

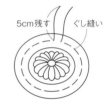

1の縫い代幅の真ん中あたりを1周ぐし縫いする。はじめと終わりは糸端を5cmほど残しておく。

4

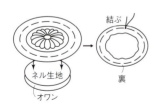

3の下に2を重ね、3で残した2本の糸を同時に引っ張り、オワンの形に合わせて糸を結ぶ。

5

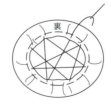

裏側の縫い代部分を縫い糸で何度か対角線に引き、表の状態を引っ張り整える。

6

5と帯留め金具の台を接着する。

P42 撫子

先端が細くなっている独特の形の花びらが特徴で、秋の七草のひとつ。
撫でたくなるほど可愛らしいことからこの名前になったといわれています。

□布　帯地（白）
□糸　釜糸：撫子色（246）、長春色（258）、千草色（157）

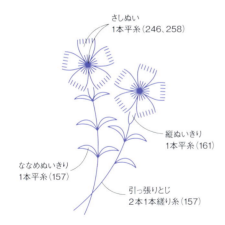

P43 釣鐘草

その名の通り、釣鐘形の花が下向きに咲きます。
その形から、提灯の古名「火垂（ほたる）」にちなんで、ほたるぶくろとも。

□布　帯地（白）
□糸　釜糸：藤紫（338）、菫色（340）、花萌葱（154）

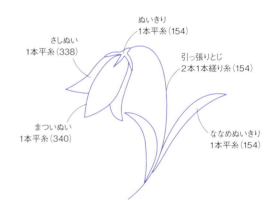

113

P44 葵

ハート形の葉っぱを2枚つける「二葉葵」です。
家紋にも用いられている葵を、まついぬいで刺繍しました。

□布　　帯地（白）
□糸　　釜糸：青藍（308）、老緑（120）

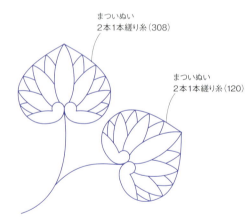

まついぬい
2本1本縒り糸（308）

まついぬい
2本1本縒り糸（120）

P45 白萩

秋の七草のひとつで、純白の小さなたくさんの花が咲きこぼれます。
しなやかに枝垂れた枝が風に揺られる様子はとても風情があります。

□布　　帯地（白）
□糸　　釜糸：白（319）、織部色（155）、花萌葱（154）

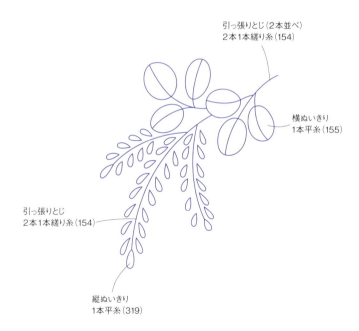

引っ張りとじ（2本並べ）
2本1本縒り糸（154）

横ぬいきり
1本平糸（155）

引っ張りとじ
2本1本縒り糸（154）

縦ぬいきり
1本平糸（319）

P46 片喰

田んぼのあぜ道や野原に咲く雑草で、ハート形の三枚の葉が特徴。
一度根付くとなかなか絶えないことから、家紋にも用いられます。

□布　帯地（白）
□糸　釜糸：木賊色（134）

P47 柊

冬に実がなるセイヨウヒイラギは、クリスマスの飾りに使われます。
ギザギザで濃緑の葉に真っ赤な小さな実がよく映えます。

□布　帯地（白）
□糸　釜糸：赤（15）、深緑（140）、茶（224）

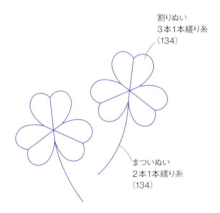

割りぬい
3本1本縫り糸
（134）

まついぬい
2本1本縫り糸
（134）

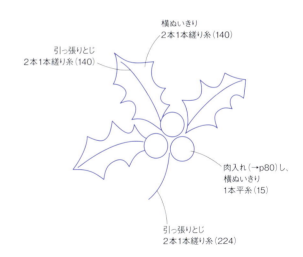

横ぬいきり
2本1本縫り糸（140）

引っ張りとじ
2本1本縫り糸（140）

肉入れ（→p80）し、
横ぬいきり
1本平糸（15）

引っ張りとじ
2本1本縫り糸（224）

P48 金輪木瓜

瓜を輪切りにした断面を文様化した木瓜は、
家紋によく用いられてきました。木瓜を金輪で表現したのが金輪木瓜。

□布　帯地（黒）
□糸　3掛金糸

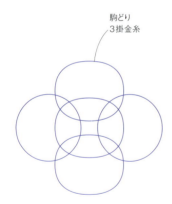

駒どり
3掛金糸

P49 ほおずき

提灯のようなふっくらとした愛嬌のある姿と鮮やかなオレンジ色。
古くから観賞用として、また盆花として親しまれてきました。

□布　帯地（白）
□糸　釜糸：赤橙（54）、樺色（55）、黄緑（109）

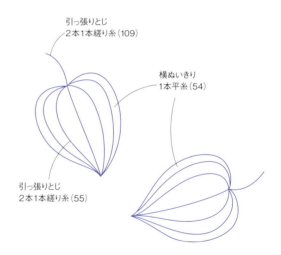

引っ張りとじ
2本1本縒り糸（109）

横ぬいきり
1本平糸（54）

引っ張りとじ
2本1本縒り糸（55）

P50 羊歯

古くから繁栄や長寿の象徴とされ、
お正月飾りには裏白(うらじろ)という羊歯植物が使われます。

□布　　帯地(白)
□糸　　釜糸:木賊色(134)

P51 麦

寒い冬に芽を出し、春を迎えて鮮やかな緑色に育った麦は
青麦といい、春の季語となっています。

□布　　帯地(白)
□糸　　釜糸:薄緑(138)

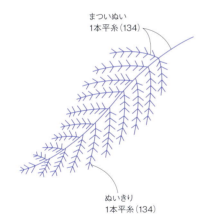

まついぬい
1本平糸(134)

ぬいきり
1本平糸(134)

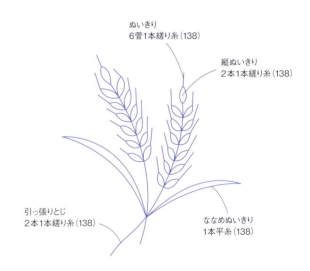

ぬいきり
6菅1本縫り糸(138)

縦ぬいきり
2本1本縫り糸(138)

引っ張りとじ
2本1本縫り糸(138)

ななめぬいきり
1本平糸(138)

P52 ドクダミ

庭の隅や路地裏といった日陰を好む植物。
ほの暗い場所で、まぶしいほどの白い花が咲く様を刺繡しました。

□布　　帯地（黒）
□糸　　釜糸:生成り(71)、承和色(116)、織部色(155)、木枯茶(400)

P54 露草

早朝に咲き朝露を受けることから、この名がついたともいわれています。
夏の朝に咲く鮮やかな青い花が、涼やかな印象です。

□布　　帯地（黒）
□糸　　釜糸:露草色(164)、月白(181)、淡黄(82)、生成り(71)、緑(135)

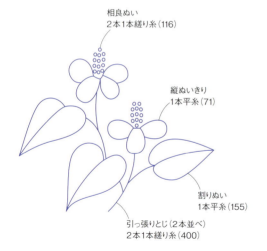

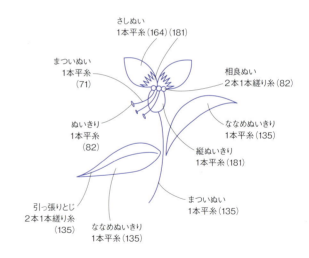

P55 菖蒲

細く長い葉と茎がまっすぐとのび、
紫色の花を咲かせる姿は上品で凛とした佇まいです。

□布　　帯地（白）
□糸　　釜糸：菖蒲色（340）、藤色（207）、青碧（334）、萌葱色（335）

P56 陰組ミ合セ八重桔梗

花びらが二重になっている八重咲きの桔梗を、
輪郭線のみで表現した陰紋（かげもん）です。

□布　　帯地（白）
□糸　　釜糸：桔梗色（340）

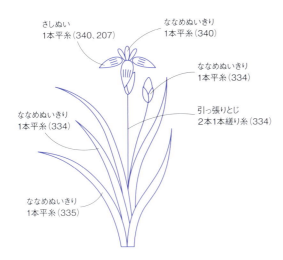

さしぬい
1本平糸（340、207）

ななめぬいきり
1本平糸（340）

ななめぬいきり
1本平糸（334）

引っ張りとじ
2本1本縒り糸（334）

ななめぬいきり
1本平糸（334）

ななめぬいきり
1本平糸（335）

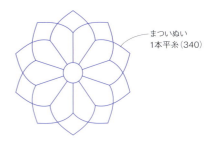

まついぬい
1本平糸（340）

119

P57 唐草

どこまでも伸びる蔦は、強い生命力の象徴。
長寿や子孫繁栄を意味する縁起模様として古くから親しまれてきました。

□布　　帯地（黒）
□糸　　3掛銀糸
　　　　ぞべ糸（白）

P58 流水紅葉

赤く色づいた楓が流水に流れていく様を表す伝統的な文様。
流水の美しい曲線と水の流れに踊る紅葉に情景が思い浮かびます。

□布　　帯地（白）
□糸　　釜糸：鉛丹色（40）、砥粉色（221）

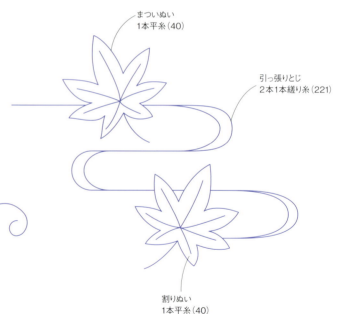

まついぬい
1本平糸（40）

引っ張りとじ
2本1本縫り糸（221）

割りぬい
1本平糸（40）

＊すべて駒どり
3掛銀糸

P59 青紅葉

赤く色づく前、青々として瑞々しい楓のこと。
夏の青紅葉もまた清々しく美しいものです。

□布　　帯地（白）
□糸　　釜糸：草色（137）、萌黄色（365）

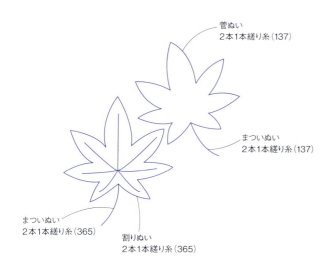

P60 麻の葉

麻は生長がはやく丈夫なことから、子どもの成長への願いが
込められています。また、魔除けの意味もあります。

□布　　帯地（白）
□糸　　釜糸：白茶（387）、赤紅（275）

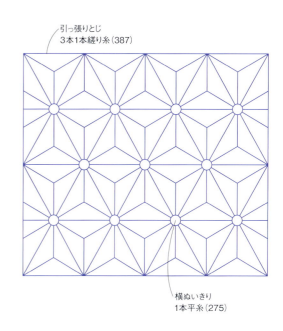

P61 薄

秋の七草のひとつで、十五夜の飾りなどにも使われます。
風になびくやさしい姿は古くから愛されてきました。

□布　帯地（黒）
□糸　釜糸：辛子色（98）

松

一年中葉が青く樹齢が長いことや、冬に雪や霜にあたっても
葉の色が変わらないことから、長寿を願う吉祥の模様とされています。

□布　　帯地（黒）
□糸　　釜糸：常盤緑（330）
　　　　1掛金糸

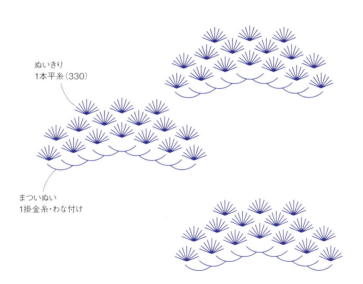

ぬいきり
1本平糸（330）

まついぬい
1掛金糸・わな付け

松葉

二本の葉の元がしっかりとつながって離れないことから
夫婦円満の意味を持っています。

□布　　帯地（白）
□糸　　釜糸：辛子色（98）、くるみ色（223）

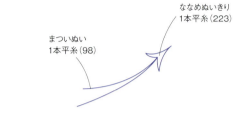
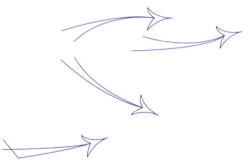

 燕と柳

燕は良縁や安産、家庭円満、商売繁盛などの象徴として好まれ
柳が芽吹く頃に渡ってくることから、
初夏の風物として、柳とともに描かれてきました。

□糸　釜糸：紺青色（179）、笹色（385）

さしぬい
1本平糸（179）

まつぬい
1本平糸（385）

ななめぬいきり
1本平糸（385）

仕上がり線

風呂敷の作り方

【材料】size：45×45cm
布（絹／水色）……47×47cm

1

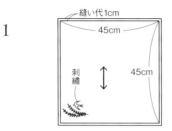

p125の図案を参照して、布の一つの角の仕上がり線の内側に刺繍をする。

2

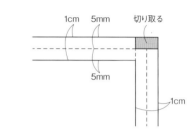

仕上げた際に角に厚みが出ないように、角4箇所の余分な縫い代を切り取る。

3

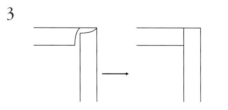

縦、横ともに5mmの線で折り、さらに仕上がり線で折り、三つ折りにする。

4

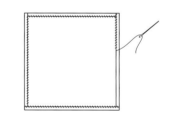

三つ折りにした部分をまつり縫いする。

表紙 桜

春の訪れを感じさせる桜は、
物事の始まりを連想させる縁起のよいモチーフ。
また、ほぼ一斉に花を咲かせるその様子から、
豊かさや繁栄の意味も。

□布　帯地（白）
□糸　釜糸：白茶（387）、薄桃花色（386）、
　　　秋桜色（217）、桜鼠色（376）、
　　　こげ茶（390）、くるみ色（223）
　　　1掛金糸

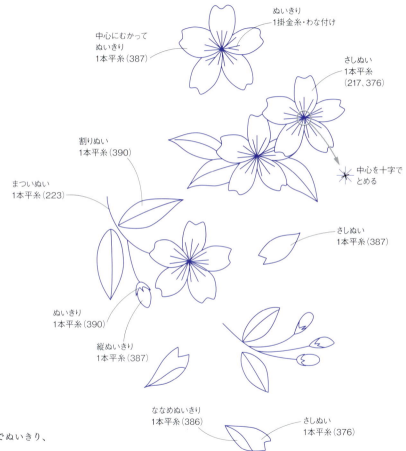

※花芯のぬいきりは、図案線の端から端までを1本線でぬいきり、
　中心を小さな十字でとめ集合させる。

127

◎本書で使用した刺繍糸は糸幸の日本刺繍釜糸です。
以下のお店で購入ができます。

ユザワヤ 蒲田店
〒144-8660　東京都大田区西蒲田 8-23-5
03-3734-4141
http://www.yuzawaya.co.jp/（ネットショップでも販売有）

通販事業部：0282-67-2121

ちいさな日本刺繍　花と植物

2019 年 11 月 20 日　初版印刷
2019 年 11 月 30 日　初版発行

著　者　　浅賀菜緒子
発行者　　小野寺優
発行所　　株式会社河出書房新社
　　　　　〒151-0051　東京都渋谷区千駄ヶ谷 2-32-2
　　　　　電話　03-3404-1201（営業）
　　　　　　　　03-3404-8611（編集）
　　　　　http://www.kawade.co.jp/
印刷・製本　　凸版印刷株式会社

Printed in Japan　　ISBN978-4-309-28763-8

落丁本・乱丁本はお取り替えいたします。
本書のコピー、スキャン、デジタル化等の無断複製は著作権法上での例
外を除き禁じられています。本書を代行業者等の第三者に依頼してスキャ
ンやデジタル化することは、いかなる場合も著作権法違反となります。

浅賀菜緒子

刺繍作家。横浜市在住。
服飾専門学校を経て、呉服店勤務の際に日本刺繍と出会い刺繍を始める。現在は日本
刺繍とフランス刺繍で作品を制作。雑誌や広告、書籍装丁などの作品を手掛けるほか、
自身のアトリエにて刺繍教室を開催している。著書に『ちいさな日本刺繍』（小社刊）、
『物語からうまれた刺繍とノスタルジックな布小物』『植物刺繍』（ともに文化出版局）、
『白糸刺繍の手仕事 モチーフとワードローブ』（エクスナレッジ）他がある。
https://www.instagram.com/pontomarie/

s t a f f
デザイン　　　　ME&MIRACO（石田百合絵、塙 美奈）
撮影　　　　　　下村しのぶ（表紙、p2-68）
　　　　　　　　北原千恵美（p69-87）
イラスト　　　　にしごりるみ
図案・作り方図　ウエイド手芸制作部
英訳　　　　　　小枝真実子
編集協力　　　　髙井法子
校正　　　　　　西進社
作品制作協力　　増山直子（p48,57,60）

参考文献
『日本の家紋』（青幻舎）
『Family Crests of Japan』（Stone Bridge Press）
『Monsho:family crests for symbolic design』（Japan Publications Trading Co.）

本書の内容に関するお問い合わせは、お手紙かメール（jitsuyou@kawade.co.jp）にて承り
ます。恐縮ですが、お電話でのお問い合わせはご遠慮くださいますようお願いいたします。
本書に掲載されている作品及びそのデザインの無断利用は、個人的に楽しむ場合を除き、
著作権法で禁じられています。本書の全部または一部（掲載作品の画像やその作り方図等）
をホームページに掲載したり、店頭、ネットショップ等で配布、販売したりする場合には、
著作権者の許可が必要です。